FALKE
BIBER
HIRSCH
SPECHT
LACHS
BRAUNBÄR

Dein persönliches Indianerhoroskop

GANS

Kenneth Meadows

Illustrationen von Jo Donegan

Verlag Hermann Bauer
Freiburg im Breisgau

Die Deutsche Bibliothek – CIP-Einheitsaufnahme

Ein Titeldatensatz für diese Publikation ist bei
Der Deutschen Bibliothek erhältlich

Die amerikanische Originalausgabe erschien 1998 by Dorling Kindersley Limited,
London, unter dem Titel *The Little Library of Earth Medicine*

Konzeptentwicklung: GLS Editorial and Design, London
Redaktion: Jane Laing
Design: Ruth Shane, Luke Herriott
Lektorat: Claire Calman, Terry Burrows, Victoria Sorzano
Illustrationen S. 16, 17, 31: Roy Flooks; S. 38: John Lawrence
Fotoaufnahmen: Mark Hamilton
Fotos S. 8/9, 12, 14/15, 32: American Natural History Museum

Deutsch von Maria Müller, München
Lektorat: Sylvia Schaible

1. Auflage 2000
ISBN 3-7626-0777-X

Satz: Fotosetzerei Scheydecker, Freiburg i. Br.
Druck und Bindung: L. Rex Printing Company Ltd., China
Printed in China

INHALT

EINFÜHRUNG
ERD-MEDIZIN

DIE INDIANER NORDAMERIKAS VERSTEHEN UNTER MEDIZIN KEINE ÄUSSERE SUBSTANZ, SONDERN EINE INNERE KRAFT – SOWOHL IN DER NATUR ALS AUCH IN JEDEM MENSCHEN.

Die Erd-Medizin ist eine einzigartige Methode zur Erstellung eines Persönlichkeitsprofils. Sie beruht auf dem indianischen Verständnis des Universums und den Prinzipien des heiligen Medizinrades.

Die Indianer Nordamerikas glaubten, daß der Geist – wenn auch unsichtbar – die Natur durchdringt, und so war ihnen die ganze Natur heilig. Tiere betrachteten sie als Boten des Geistes. Sie erschienen ihnen auch in Wachträumen und übermittelten Macht und Stärke – die »Medizin«.

Wer solche Träume empfing, erwies der Tierart, die ihm erschienen war, seine Ehrerbietung, indem er auf zeremoniellen und Gebrauchsgegenständen ihr Abbild wiedergab.

Die Schamanenrassel
Schamanen verbanden sich mit Hilfe von Rasseln mit ihrem inneren Geist – hier die Rassel eines Tlingit-Schamanen.

DIE NATUR IM MENSCHEN

Die indianischen Schamanen – die weisen Männer des Stammes – erkannten Ähnlichkeiten zwischen den Naturkräften, die in einer bestimmten Jahreszeit

»Der Geist hat dir die Möglichkeit geschenkt, in der Schule der Natur zu lernen.« *Lehre der Stoney*

vorherrschten, und den Menschen, die in dieser Zeit geboren wurden. Zudem entdeckten sie, wie die Persönlichkeit von den vier Mondphasen beeinflußt wird, und zwar sowohl bei der Geburt als auch im Laufe des weiteren Lebens. Auch der ständige Wechsel im Energiefluß von Aktiv zu Passiv wirkt sich auf den Menschen aus. Diese Weltsicht ist die Grundlage der Erd-Medizin; mit ihrer Hilfe können wir erkennen, wie die Dynamik der Natur in uns wirkt und wie wir unsere angeborenen, als Potential bereits vorhandenen Stärken entwickeln können.

Tierornament

Für die Anasazi, die dieses Ornament schnitzten, war der Frosch ein Symbol für Anpassungsfähigkeit.

Medizinräder

In den kulturellen Traditionen der Indianer gab es eine Reihe von kreisförmigen Symbolbildern und -objekten. Diese heiligen Kreise wurden Medizinräder genannt – wegen ihrer Ähnlichkeit mit den Speichenrädern der Wagen, die die Siedler ins Herz des Landes brachten, das einst Eigentum der Ureinwohner war. Jedes Medizinrad zeigte die Verbindung zwischen unterschiedlichen Objekten oder Eigenschaften innerhalb eines größeren Ganzen und die Bewegung der verschiedenen Kräfte und Energien darin.

Ein Medizinrad könnte man als das »Meisterrad« betrachten, denn es wies auf das Gleichgewicht der Natur und den besten Weg hin, in Harmonie mit dem Universum und mit sich selbst zu gelangen. Auf diesem Meisterrad baut auch die Erd-Medizin auf (s. S. 10–11).

Festtagsschale

Stilisierte Bären-Schnitzereien schmücken diese Festtagsschale der Tlingit. Bei den Indianern galt der Bär als Symbol für Stärke und Selbständigkeit.

DAS MEDIZINRAD

Das äußere Rad ist in zwölf Geburtszeiten aufgeteilt. Jede hat ihr eigenes Tiertotem und eine Affinität zu einem ganz bestimmten Stein, einem Baum und zu einer Farbe. An der Nabe des Rades liegt – umgeben von Darstellungen der Elemente, der Himmelsrichtungen und des Energieflusses – das Wakan-Tanka, das Symbol der unsichtbaren Energien, die in der physischen Realität Gestalt annehmen.

Jahreszeit der Geburt
Jeder der zwölf Abschnitte des Rades steht in Bezug zu einer bestimmten Zeit des Jahres (s. S. 12–13).

Wakan-Tanka
Mit diesem mächtigen Symbol stellten manche Stämme Energie dar, die Form annimmt (s. S. 24).

Stein-Affinität
Jeder Geburtszeit entspricht ein bestimmter Stein (s. S. 14–15).

Baum-Affinität
Jede Geburtszeit hat einen Bezug zu einer bestimmten Baumart (s. S. 14–15).

Geburtstotem
Jede Geburtszeit wird durch ein Tiertotem verkörpert (s. S. 16–17).

Richtungstotem
Jede Geburtszeit steht unter dem Einfluß einer der vier Himmelsrichtungen (s. S. 18–19).

Grundelement
Jede Geburtszeit wird grundlegend von einem der vier Elemente beeinflußt (s. S. 20–21).

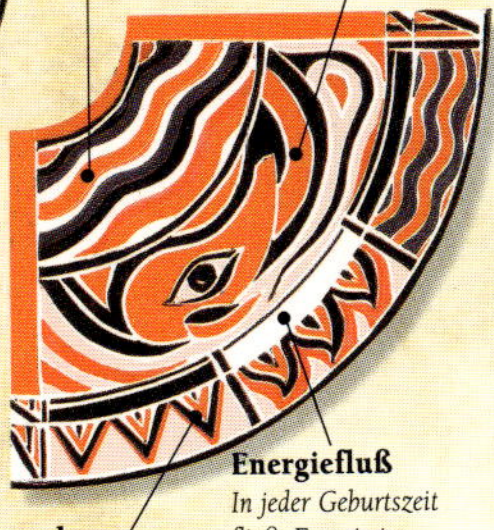

Elementaspekt
Jede Geburtszeit hat ihren eigenen Elementaspekt (s. S. 20–21).

Energiefluß
In jeder Geburtszeit fließt Energie im Wechsel zwischen Aktiv und Rezeptiv (s. S. 24).

DIE ZWÖLF GEBURTSZEITEN

DIE STRUKTUR DES MEDIZINRADES BAUT AUF DEN JAHRESZEITEN AUF UND SPIEGELT SO DEN MÄCHTIGEN EINFLUSS DER NATUR AUF DIE PERSÖNLICHKEIT DES MENSCHEN WIDER.

Das Medizinrad unterteilt die menschliche Natur in zwölf Persönlichkeitstypen; jeder Typ entspricht der Natur zu einer bestimmten Zeit des Jahres. Das Medizinrad ist eine Art Landkarte, mit deren Hilfe wir unsere Stärken und Schwächen, unsere inneren Triebe, instinktiven Verhaltensweisen und auch unser wahres Potential entdecken können.

Grundlage dieser Struktur sind die vier Jahreszeiten, unterteilt durch Winter- und Sommersonnenwende sowie Frühlings- und Herbst-Tagundnachtgleiche. Jede Jahreszeit steht als Metapher für eine Phase der menschlichen Entwicklung. Der Frühling ähnelt der Kindheit, dem neuen Leben. Der Sommer entspricht der Überschwenglichkeit der Jugend und dem raschen Wachstum. Der Herbst wiederum steht für die Fülle und Erfüllung des reifen Lebens als Erwachsener, während der Winter die angesammelte Weisheit symbolisiert, auf die wir später im Leben zurückgreifen können.

Jede der vier Jahreszeiten im Medizinrad wird wiederum in drei Perioden unterteilt, so daß insgesamt zwölf Abschnitte entstehen. Die Zeit der Geburt bestimmt die Richtung, aus der wir das Leben wahrnehmen, und die Eigenschaften

Jahreszeiten-Riten
Bei der Zeremonie zur Wintersonnenwende trugen die Irokesen Masken aus geflochtenen Maishülsen. Sie stimmten sich im Tanz auf die Energien ein, die für eine gute Ernte sorgen sollten.

Die zwölf Zeitabschnitte

der Natur in dieser Jahreszeit spiegeln sich in der Kernpersönlichkeit wider.

Jeder der zwölf Zeitabschnitte – oder jede Geburtszeit – wird nach einer Eigenschaft, einem besonderen Kennzeichen des Jahreszyklus benannt. So heißt etwa die Zeit nach der Frühlings-Tagundnachtgleiche Zeit des Erwachens, denn jetzt ist neues Wachstum angesagt; die Zeit nach der Herbst-Tagundnachtgleiche verdankt ihren Namen den fallenden Blättern, die für sie so charakteristisch sind.

DIE BEDEUTUNG DER TOTEMS

DIE INDIANER NORDAMERIKAS GLAUBTEN, DASS TOTEMS – ALSO TIERSYMBOLE – ESSENTIELLE WAHRHEITEN UND DIE VERBINDUNG ZU DEN KRÄFTEN DER NATUR VERKÖRPERN.

Ein Totem ist ein Tier bzw. ein natürliches Objekt, das wie ein Emblem bestimmte typische Eigenschaften verkörpert. Für die Indianer waren Tiere, deren Verhalten vorhersehbar ist, besonders hilfreich für die Kategorisierung von menschlichen Verhaltensmustern.

Ein Totem spiegelt bestimmte Aspekte der Persönlichkeit wider und ist ein Schlüssel zum intuitiven Wissen, das jenseits allen intellektuellen Denkvermögens liegt. Ein Totem kann geschnitzt oder auf andere Art gestaltet sein, ein Bildnis oder z.B. ein Stück Fell, eine Feder, ein Knochen, ein Zahn oder eine Klaue. Es dient als unmittelbare Verbindung zu den Energien, für die es steht. Deshalb ist ein Totem wirksamer als etwa eine Skulptur oder ein Symbol, um die nicht-physischen Mächte und gestaltenden Kräfte zu verstehen.

HAUPTTOTEMS

In der Erd-Medizin gibt es drei Haupttotems: ein Geburtstotem, ein Richtungstotem und ein Elementtotem. Das *Geburtstotem* verkörpert die Grundeigenschaften eines Menschen; sie entsprechen den dominanten Aspekten der Natur zur Zeit seiner Geburt.

Alle zwölf Geburtstotems, die sich jeweils auf eine bestimmte Geburts-

Symbol der Stärke

In den Griff dieses Messers der Tlingit sind der Kopf eines Raben und eines Bären geschnitzt, Symbole der Einsicht und Stärke.

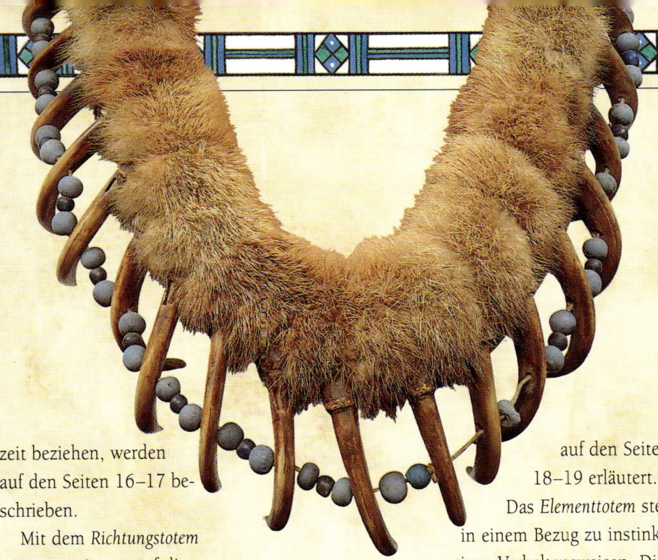

Siegertotem
Häuptlinge oder Krieger der Fox-Indianer trugen ein Halsband aus Bärenklauen.

zeit beziehen, werden auf den Seiten 16–17 beschrieben.

Mit dem *Richtungstotem* stimmen wir uns auf die inneren Sinne ein, die über die Hauptantriebskraft unserer Bemühungen bestimmen. Jede der vier Jahreszeiten auf dem Medizinrad entspricht einer der vier Himmelsrichtungen und jede Himmelsrichtung wird wiederum durch ein Totem verkörpert. So wird z.B. der Frühling mit dem Osten gleichgesetzt, wo die Sonne aufgeht. Er steht für eine neue Sicht der Dinge; sein Totem ist der Adler. Die vier Richtungstotems werden auf den Seiten 18–19 erläutert.

Das *Elementtotem* steht in einem Bezug zu instinktiven Verhaltensweisen. Die Grundeigenschaften der vier Elemente – Feuer, Wasser, Erde und Luft – sowie ihre Totems werden auf den Seiten 20–21 ausführlich erklärt.

Drei Affinitäten

Jede Geburtszeit hat außerdem eine Affinität zu einem bestimmten Stein, einem Baum und einer Farbe (s. S. 36–41). Über diese drei Affinitäten läßt sich in schwierigen Zeiten neue Kraft schöpfen.

»Wenn ein Mensch Erfolg haben will, sollte er sich nicht von seinen Neigungen leiten lassen, sondern von seinem Wissen um das Wesen der Tiere …« *Lehre der Teton-Sioux*

DIE ZWÖLF GEBURTSTOTEMS

JEDE DER ZWÖLF GEBURTSZEITEN WIRD DURCH EIN TOTEM VERKÖRPERT – DURCH EIN TIER, DAS DIE FÜR SIE TYPISCHEN EIGENSCHAFTEN AM BESTEN ZUM AUSDRUCK BRINGT.

Die Erd-Medizin verbindet mit jeder Geburtszeit ein Totem. Jeder Abschnitt umfaßt zwei Zeitspannen – für die nördliche und die südliche Hemisphäre. Diese Totemtiere unterstützen die Verbindung zu den jeweiligen Kräften und Fähigkeiten, für die sie stehen. Eine detaillierte Beschreibung des Gans-Geburtstotems findet sich auf den Seiten 28–29.

FALKE

21. März – 19. April (N. Hem.)
22. Sept. – 22. Okt. (S. Hem.)

Falken ergreifen gern die Initiative, sind aber mit ihren Entschlüssen oft etwas voreilig, so daß sie sie später bedauern. Sie sind lebhaft und extrovertiert und lassen sich leicht für neue Erfahrungen begeistern, aber manchmal fehlt es ihnen an Durchhaltevermögen.

BIBER

20. April – 20. Mai (N. Hem.)
23. Okt. – 22. Nov. (S. Hem.)

Biber sind praktisch veranlagt und beständig, zudem ziemlich ausdauernd und beharrlich. Sie sind gut im Haushalt, voller Wärme und Zärtlichkeit, brauchen jedoch Harmonie und Frieden, um nicht reizbar zu werden. Sie haben einen stark ausgeprägten Sinn für Ästhetik.

HIRSCH

21. Mai – 20. Juni (N. Hem.)
23. Nov. – 21. Dez. (S. Hem.)

Der Hirsch ist bereit, das Alte dem Neuen zu opfern. Er verabscheut jegliche Routine, blüht auf bei Abwechslung und Herausforderungen. Hirsche haben auch eine wilde Seite, sie sind sprunghaft und stürzen sich oft unüberlegt von einer Sache oder Beziehung in die nächste.

SPECHT

21. Juni – 21. Juli (N. Hem.)
22. Dez. – 19. Jan. (S. Hem.)

Mit ihrer Emotionalität und Sensibilität bringen Spechte ihnen nahestehenden Menschen viel Wärme entgegen, stellen auch bereitwillig ihre Bedürfnisse gegenüber deren Wünschen zurück. Sie haben eine lebhafte Phantasie, neigen aber auch dazu, sich zu viele Sorgen zu machen.

LACHS

22. Juli – 21. August (N. Hem.)
20. Jan. – 18. Febr. (S. Hem.)

Lachs-Geborene sind begeisterungsfähig und voller Selbstvertrauen. Sie haben gern das Sagen, sind kompromißlos und voller Kraft; manchmal wirken sie ein wenig arrogant oder nehmen sich selbst zu wichtig. Wenn sie sich vernachlässigt fühlen, sind sie schnell verletzt.

BRAUNBÄR

22. Aug. – 21. Sept. (N. Hem.)
19. Febr. – 20. März (S. Hem.)

Braunbären sind hart arbeitende, praktisch veranlagte und selbstbewußte Menschen. Wandel und Veränderung mögen sie nicht besonders; sie halten sich lieber an Altbekanntes und Vertrautes. Braunbär-Geborene bringen gern Dinge in Ordnung; sie sind gutmütig und gute Freunde.

KRÄHE

22. Sept. – 22. Okt. (N. Hem.)
21. März – 19. April (S. Hem.)

Krähen sind nicht gern allein, sondern fühlen sich in Gesellschaft am wohlsten. Normalerweise sind sie gutmütige und angenehme Zeitgenossen, doch in einer negativen Atmosphäre werden sie leicht kratzbürstig und trübselig.

SCHLANGE

23. Okt. – 22. Nov. (N. Hem.)
20. April – 20. Mai (S. Hem.)

Im Zeichen der Schlange Geborene sind verschlossene, mysteriöse Menschen, die ihre Gefühle hinter einem kühlen Äußeren verbergen. Dank ihrer Anpassungsfähigkeit, Entschlußkraft und Phantasie kommen sie auch in schwierigen Lebenssituationen immer wieder auf die Beine.

EULE

23. Nov. – 21. Dez. (N. Hem.)
21. Mai – 20. Juni (S. Hem.)

Eulen haben ein starkes Bedürfnis, sich frei auszudrücken. Sie sind lebhafte Menschen voller Selbstvertrauen und haben einen guten Blick fürs Detail. Sie sind wißbegierig und anpassungsfähig, neigen aber auch dazu, sich selbst zu überfordern. Oft sind Eulen-Menschen auch sehr mutig.

GANS

22. Dez. – 19. Jan. (N. Hem.)
21. Juni – 21. Juli (S. Hem.)

Gans-Menschen sind Idealisten mit Weitblick und bereit, das Unbekannte zu erforschen. Sie gehen das Leben mit Enthusiasmus an, entschlossen, ihre Träume zu verwirklichen. Gans-Geborene haben einen Hang zum Perfektionismus und wirken manchmal gar zu ernsthaft.

OTTER

20. Jan. – 18. Febr. (N. Hem.)
22. Juli – 21. Aug. (S. Hem.)

Otter-Geborene sind freundliche, lebhafte und einfühlsame Menschen. Durch zu viele Regeln und Vorschriften fühlen sie sich behindert; deshalb machen sie oft einen etwas exzentrischen Eindruck. Sie schätzen Sauberkeit und Ordnung und haben originelle Ideen.

WOLF

19. Febr. – 20. März (N. Hem.)
22. Aug. – 21. Sept. (S. Hem.)

Wolf-Menschen sind sensibel, intuitiv und künstlerisch veranlagt; an sie wendet man sich gern, wenn man Hilfe braucht. Sie schätzen die Freiheit und ihren Freiraum, lassen sich aber leicht von anderen beeinflussen. Sie haben eine philosophische Ader, sind vertrauensvoll und aufrichtig.

DER EINFLUSS DER HIMMELSRICHTUNGEN

DER EINFLUSS DER VIER HIMMELSRICHTUNGEN – VON DEN INDIANERN NORDAMERIKAS AUCH DIE VIER WINDE GENANNT – WIRD ÜBER INNERE EMPFINDUNGEN WAHRGENOMMEN.

Die vier Himmelsrichtungen, die »Hüter« bzw. »Behüter« des Universums, wurden von den Indianern auch als die vier Winde bezeichnet, da ihre Präsenz eher gespürt als gesehen werden kann.

RICHTUNGSTOTEMS

In der Erd-Medizin ist jeder Himmelsrichtung bzw. jedem Wind eine Jahreszeit und eine Tageszeit zugeordnet. Die winterlichen Geburtszeiten – die Zeit der Erneuerung, der Reinigung und der Stürmischen Winde – gehören alle zum Norden und zur Nacht. Die Himmelsrichtung der Geburtszeit beeinflußt die Natur der inneren Empfindungen.

Der Osten ist die Himmelsrichtung des Frühlings und des Morgens; er wird mit Licht und Erleuchtung assoziiert. Sein Totem ist der Adler – ein Vogel, der hoch zur Sonne aufsteigt und aus der Höhe alles klar sehen kann.

Der Süden ist die Himmelsrichtung des Sommers und des Nachmittags. Er steht in einem Bezug zu Wachstum und Erfüllung, Fließendem und Emotionen. Sein Totem, die Maus, gilt als Symbol für

»Denke daran … der Kreis des Himmels, die Sterne, die übernatürlichen Winde, die Tag und Nacht atmen … die vier Himmelsrichtungen.« *Lehre der Pawnee*

Die vier Himmelsrichtungen

Jede Himmelsrichtung steht in Beziehung zu einer Jahreszeit, einer Tageszeit und auch zu einer Grundfunktion: der Osten zu Entscheiden, der Süden zu Geben, der Westen zu Halten und der Norden zu Empfangen.

Fruchtbarkeit, Gefühle und für die Gabe der detaillierten Wahrnehmung.

Der Westen ist die Himmelsrichtung des Herbstes und des Abends. Er steht für Transformation – vom Tag zur Nacht, vom Sommer zum Winter – und die Fähigkeit zur Innenschau, zum Bewahren und Erhalten. Das Totem des Westens ist der Grizzlybär, der innere Kraft verkörpert.

Der Norden schließlich ist die Himmelsrichtung des Winters und der Nacht; er entspricht dem Geist und geistiger »Nahrung« – also Wissen. Sein Totem ist der von den Indianern hoch verehrte Büffel.

DER EINFLUSS DER ELEMENTE

DIE VIER ELEMENTE – LUFT, FEUER, WASSER UND ERDE – DURCHDRINGEN ALLES UND WEISEN AUF DIE NATUR DER BEWEGUNG UND DIE ESSENZ DESSEN HIN, DER DU BIST.

Die Elemente sind nicht greifbare Qualitäten, die den essentiellen Zustand oder Charakter von allem, was ist, beschreiben. In der Erd-Medizin sind die vier Elemente mit vier Grundformen der Aktivität verbunden und weisen auf unterschiedliche Aspekte des Selbst hin. Luft drückt die freie Bewegung in alle Richtungen aus; sie steht mit dem Verstand und dem Denken in Verbindung. Feuer deutet auf expansive Bewegung hin und hat einen Bezug

Elementprofil

Die Element-Konfiguration der Gans ist Erde von Luft. Luft ist das Grundelement, Erde der Elementaspekt.

zur geistigen Ebene und zur Intuition. Wasser bedeutet Fließen; es steht mit der Seele und den Emotionen in Beziehung. Die Erde schließlich symbolisiert Stabilität und entspricht dem physischen Körper und den Empfindungen.

Zuordnung der Elemente

Auf dem Medizinrad steht jedes Element für eine Himmelsrichtung – Feuer im Osten, Erde im Westen, Luft im Norden und Wasser im Süden. Dies sind die vier Grundelemente. Dann gibt es noch die Elementaspekte, nämlich die Verbindung der vier Elemente mit den zwölf einzelnen Geburtszeiten. Sie folgen im Medizinrad zyklisch aufeinander, Grundlage ist die Einwirkung der Sonne (Feuer) auf die Erde, woraus Atmosphäre (Luft) und Kondensation (Wasser) entstehen.

Die drei Geburtszeiten, die einen Elementaspekt gemeinsam haben, gehören der gleichen Elemente-Familie bzw. einem »Klan« an und haben ein Totem, das die wesentlichen Eigenschaften aufzeigt. Gans-Geborene gehören zum Schildkröten-Klan (s. S. 34–35).

Elementbetonung

Bei jeder Geburtszeit dominieren normalerweise die Eigenschaften des Elementaspektes diejenigen des Grundelementes, obgleich beide zu der ganz speziellen Konfiguration beitragen (für die Gans s. S. 34–35). Bei Falke, Specht und Otter sind das Grundelement und der Elementaspekt identisch (z. B. Luft von Luft); Menschen mit diesen Totems verleihen ihrem Element einen sehr intensiven Ausdruck.

DER EINFLUSS DES MONDES

Der zu- und abnehmende Mond während der vier Mondphasen wirkt entscheidend auf die Persönlichkeitsbildung und das Streben des Menschen ein.

Für die Indianer zeigten Sonne und Mond die aktiven bzw. rezeptiven, also empfangenden Energien in der Natur (s. S. 24) an. Mit ihrer Hilfe wurde auch die Zeit »gemessen«. Der Einfluß der Sonne wurde mit bewußter Aktivität, mit Verstand und Willenskraft in Verbindung gebracht; der Einfluß des Mondes stand für unbewußte Aktivität und für die emotionalen und intuitiven Aspekte der menschlichen Natur.

Der zunehmende Mond

Diese Mondphase dauert ungefähr elf Tage an. Sie leitet eine Zeit des Wachstums ein und ist somit ideal für das Entwickeln neuer Ideen und die Konzentration auf neue Projekte.

Der Vollmond

In der Vollmondphase – ungefähr drei Tage – erreicht die Kraft des Mondes ihren Höhepunkt. Jetzt kann das, was in der zunehmenden Mondphase entwickelt wurde, vollendet werden.

Die vier Mondphasen

Der 29tägige Mondzyklus ist in vier Phasen unterteilt. Jede Phase ist Ausdruck einer bestimmten Form von Energie, vergleichbar mit den Wachstumsphasen einer Blütenpflanze im Lauf der Jahreszeiten: knospen (zunehmender Mond), volle Blüte (Vollmond), verwelken (abnehmender Mond) und keimen (Neumond). Der Einfluß dieser Phasen macht sich in der Entwicklung der Persönlichkeit, aber auch im Alltag bemerkbar.

Die Energie des Mondes zum Zeitpunkt der Geburt wirkt sich stark auf die Persönlichkeit aus. So sind beispielsweise Menschen, die bei Neumond geboren wurden, eher introvertiert, während Vollmond-Geborene sich im allgemeinen stärker nach außen orientieren. Wer bei zunehmendem Mond geboren wurde, ist eher extrovertiert, wer bei abnehmendem Mond zur Welt kam, dagegen eher reserviert und zurückhaltend. Mit Hilfe einer Mondtabelle kann jeder seinen persönlichen Mondstand am Tag der Geburt herausfinden.

Auch auf den Alltag kann sich eine harmonische Einstimmung auf die Mondphasen sehr positiv auswirken. Durch bewußtes Arbeiten mit den vier Phasen lassen sich die jeweiligen Energien erfahren. Die Abbildungen und Texte unten beschreiben eine indianische Sichtweise der Auswirkungen der vier Phasen des Mondes auf das Leben des Menschen.

Der abnehmende Mond

Dies ist die Zeit für Veränderungen. Diese Phase – etwa elf Tage – eignet sich gut für Verbesserungen, Umstellungen und um unnötigen Ballast abzuwerfen.

Der Neumond

Ungefähr vier Tage lang ist der Mond vom Himmel verschwunden. Dies ist die Zeit für kontemplative Betrachtung des Erreichten und für das Keimen von Neuem.

DER EINFLUSS DES ENERGIEFLUSSES

DAS MEDIZINRAD SPIEGELT DAS VOLLKOMMENE GLEICHGEWICHT DER AKTIVEN UND REZEPTIVEN ENERGIEN WIDER, DIE EINANDER IN DER NATUR ERGÄNZEN.

Energie durchfließt die Natur auf zwei komplementäre Arten, die man als aktiv und rezeptiv bzw. männlich und weiblich bezeichnen kann. Das aktive Energieprinzip hat einen Bezug zu den Elementen Feuer und Luft, das rezeptive Prinzip zu Wasser und Erde.

Bei allen zwölf Geburtszeiten ist eine aktive oder rezeptive Energie mit dem jeweiligen Elementaspekt verbunden. Die beiden Energieprinzipien wechseln einander auf dem Medizinrad ab und schaffen so ein Gleichgewicht von aktiven und rezeptiven Energien, wie es auch in der Natur besteht.

Aktive Energie entspricht der Sonne und bewußtem Handeln. Unter diesem Prinzip geborene Menschen streben nach Erfahrung. Sie sind begrifflich orientiert, tatkräftig, extrovertiert, praktisch veranlagt und denken analytisch. Die rezeptive Energie wird mit dem Mond in Verbindung gebracht sowie mit unbewußtem Handeln. Solche Menschen lassen Erfahrungen lieber auf sich zukommen. Sie sind intuitiv, nachdenklich und emotional veranlagt, wollen umsorgen und bewahren.

DAS WAKAN-TANKA

Im Herzen des Medizinrades liegt in einem Kreis die S-Form, das Symbol für die Quelle, die allem Leben spendet, was auch immer eine physische Form annimmt – scheinbar aus dem Nichts. Die Prärie-Indianer Nordamerikas nannten es Wakan-Tanka – die Große Macht. Diese Kraft läßt sich auch als Energie verstehen, die Form annimmt, oder als Form, die wieder zu Energie wird – im unendlichen Fluß des Lebens.

DIE GANS
DEIN
PERSÖNLICHKEITS-
PROFIL

JAHRESZEIT DER GEBURT
ZEIT DER ERNEUERUNG

DIE STRENGE PHASE DES WINTERS BEGINNT IN DIESER GEBURTSZEIT; SIE VERLEIHT DEN JETZT GEBORENEN MENSCHEN IHRE SELBSTÄNDIGKEIT UND IHRE GEDULD.

Die Zeit der Erneuerung gehört zu den zwölf Geburtszeiten, die das Jahr in zwölf Jahreszeiten-Abschnitte unterteilen (s. S. 12–13). Diese erste Periode des Winterzyklus ist die Jahreszeit der kalten, schneidenden Winde und der kargen Erde. Doch es ist auch eine Zeit der Hoffnung, da die Tage wieder länger werden und so den Beginn eines neuen Jahreszyklus ankündigen.

EINFLUSS DER NATUR

Die charakteristischen Eigenschaften der Natur zu diesem Zeitpunkt zeigen sich auch in der Natur des Menschen, der in dieser Zeit das Licht der Welt erblickt.

Noch liegt die Erde schlafend unter der hartgefrorenen Oberfläche und wartet darauf, in den ersten warmen Frühlingstagen zu neuem Leben zu erwachen. Auch die Menschen dieser Geburtszeit haben Geduld und den festen Glauben, daß ihre Hoffnungen und Wünsche Früchte tragen werden. In dieser Zeit ziehen sich Mensch und Tier zurück und suchen Zuflucht vor der harten Außenwelt. Das spiegelt sich auch in der nach innen gerichteten, nachdenklichen Natur und der Selbstgenügsamkeit der Gans-Geborenen wider.

Bei den Pueblo-Indianern wurde der Beginn dieser Periode mit dem traditionellen Büffeltanz gefeiert. Diese Zeremonie sollte Krankheit und Leiden vertreiben und reinigenden Schnee bringen. Damit wurde auch die Erneuerung bzw. Reinigung von Körper und Geist gefeiert, auf die der Tanz eine erfrischende und belebende Wirkung hatte.

Lebensphase

Diese Zeit des Jahres entspricht der Reife und der Zuversicht, die gegen Ende des mittleren Lebensabschnitts aufkommen. Entwicklungsmäßig ist zu diesem Zeitpunkt ein hohes Maß an Selbstvertrauen, Stabilität und Sicherheit erlangt worden. Demgemäß ist es eine Zeit größerer mentaler, körperlicher und spiritueller Freiheit, in der sich neue Ideen und neue Wege des Seins herausbilden können.

Die Energie der Natur

In diesem ersten Winterzyklus nach der Wintersonnenwende tritt die Natur in ihre strengste Phase ein. Kalte, schneidende Winde versuchen, die hartgefrorene, karge Erde zu durchdringen und auf ihrem Weg alles zu reinigen und zu erneuern.

Sein Potential verwirklichen

Gans-Menschen haben klare, langfristige Ziele und die Geduld und Entschlossenheit, sie auch zu verwirklichen – selbst unter scheinbar widrigen Umständen. Doch obwohl sie Enttäuschungen normalerweise gut verkraften, sollten sie sich davor hüten, in Niedergeschlagenheit und Melancholie zu verfallen, wenn es immer wieder zu Rückschlägen kommt – sonst könnten sie verbittert werden.

Durch ihre Beharrlichkeit und natürliche Reserviertheit wirken sie manchmal kühl und arrogant – selbst den Menschen gegenüber, die ihnen wirklich etwas bedeuten. Sie sollten ihrer Zuneigung öfter einmal in Wort und Tat Ausdruck verleihen und so zeigen, wie warmherzig und sanft sie in Wirklichkeit sind.

»Das Leben ist ein Kreis von Kindheit zu Kindheit; so ist es mit allem, in dem Kraft fließt.« *Lehre des Black Elk*

DAS GEBURTSTOTEM
DIE GANS

DAS WESEN UND DAS CHARAKTERISTISCHE VERHALTEN DER GANS SIND AUSDRUCK DER PERSÖNLICHKEIT VON MENSCHEN, DIE IN DER ZEIT DER ERNEUERUNG GEBOREN WERDEN.

Wie ihr Totemtier, die Gans, sind Menschen, die in der Zeit der Erneuerung geboren werden, ehrgeizig, standhaft und phantasievoll. Sie blühen auf, wenn sie die Freiheit haben, nach den Sternen zu greifen. Entschlossen, zielstrebig und einfallsreich machen sie sich auf die Suche nach der Erfüllung ihrer Wünsche und Träume. Unbeirrbar verfolgen sie auch langfristige Ziele mit viel Energie und Enthusiasmus. Gans-Menschen verzichten bereitwillig auf manches Vergnügen und nehmen auch manche Mühsal auf sich, um schließlich ans Ziel ihrer Wünsche zu kommen.

Gans-Stärke

Mit ihrer Entschlossenheit und Zielstrebigkeit verkörpert die Gans auch Aspekte der vertrauenswürdigen und zurückhaltenden Menschen, die in dieser Zeit zur Welt kommen.

Ihre idealistische Natur läßt Gans-Menschen integer handeln und jede Aufgabe mit großem Engagement angehen. Das macht sie zu zuverlässigen, vertrauenswürdigen Freunden und verläßlichen Kollegen.

Manchmal neigen sie dazu, sich um relativ unwichtige Belange gar zu viele Sorgen zu machen und alles ein wenig zu ernst zu nehmen. Dann sollten sie sich Zeit zum Entspannen gönnen und sich durch kleine Probleme nicht von den großen Zielen ablenken lassen.

GESUNDHEIT

Unter dem Totem der Gans geborene Menschen haben eine gute Konstitution und werden nur selten krank. Ihre Sturheit und ihre Neigung, Emotionen zu unterdrücken, machen sie jedoch anfällig für Allergien, nervöse Hautausschläge und Magenbeschwerden. Außerdem besteht das Risiko rheumatischer Erkrankungen.

DIE GANS UND BEZIEHUNGEN

DIE VITALEN, EHRGEIZIGEN GANS-MENSCHEN SIND ZUVERLÄSSIGE FREUNDE UND TREUE, VERANTWORTUNGSBEWUSSTE PARTNER, HALTEN ABER OFT IHRE GEFÜHLE ZURÜCK.

Wie ihr Totemtier verfolgen die weitblickenden Gans-Geborenen meist ferne Ziele mit großer Energie. Mit ihrem Ehrgeiz und ihrer Entschlossenheit können sie andere mitreißen, doch meist werden sie dafür eher bewundert als geliebt. Sie sind sehr selbstbewußt und lassen sich lieber nicht zu sehr auf andere Menschen ein; nur ganz wenige enge Freunde haben Zugang zu ihrem weichen Herzen. Gans-Menschen nehmen alles schnell zu ernst; sie sollten lernen loszulassen – dann werden sie staunen, wieviel Spaß sie haben können.

LIEBESBEZIEHUNGEN

Gans-Menschen haben große Sehnsucht nach einer dauerhaften Beziehung. Liebe auf den ersten Blick kommt bei ihnen eher selten vor, doch wenn sie sich erst einmal verliebt haben, sind sie treue, hingebungsvolle Partner. Der Gans-Mann gilt als vertrauenswürdig und zuverlässig; die Gans-Frau ist vital und eine erstklassige Hausfrau. Beide zeigen in der Öffentlichkeit nicht gern ihre Zuneigung, können aber sehr sinnliche Liebespartner sein.

Die Ursache von Problemen liegt oft darin, daß sie ihre Gefühle hinter einer Maske kühler Unabhängigkeit verbergen. Wenn sie auch ihre verletzlicheren Seiten zeigen, kann die Verbundenheit mit dem Partner noch stärker werden.

UMGANG MIT DER GANS

Gans-Menschen sind praktisch veranlagte Realisten – ein Appell an ihre Gefühle löst selten eine Reaktion aus. Schon die kleinste Heuchelei ist ihnen zuwider – Aufrichtigkeit und Direktheit sind angesagt. Gans-Geborene sind absolute Perfektionisten und vor allem sich selbst gegenüber ausgesprochen kritisch.

DIE GANS UND DIE LIEBE

Gans und Falke: Diese beiden haben ihre Höhen und Tiefen, doch ihre Ähnlichkeit schweißt sie zusammen.

Gans und Biber: Hier kann eine gute Geschäftsbeziehung entstehen; in der Liebe kann es aber zu Problemen kommen, wenn einer der Partner versucht, die Kontrolle zu übernehmen.

Gans und Hirsch: Der unberechenbare Hirsch kann der Gans Probleme bereiten, doch ihre gute Freundschaft können Gefühlsausbrüche nicht erschüttern.

Gans und Specht: Die Gefühle der Gans gehen vielleicht nicht so tief wie die des Spechtes; er muß sicher sein, daß ihre relativ kühle Haltung weder mangelndes Interesse noch Zurückweisung ausdrückt.

Gans und Lachs: Wenn die Gans das ausgeprägte Ego des Lachses zufriedenstellen kann, dürfte diese Beziehung dauerhaft sein.

Gans und Braunbär: Diese beiden haben das Potential für eine tiefe Verbindung in fast allen Bereichen; Sex spielt dabei allerdings nicht die Hauptrolle.

Gans und Krähe: Anfangs kann bei diesem Paar eine starke sexuelle Anziehung bestehen, aber Geduld und Engagement sind nötig, wenn die Beziehung weitergehen soll.

Gans und Schlange: Diese beiden brauchen Zeit, bis sie sich aufeinander einlassen, doch wenn sie es erst einmal geschafft haben, hält ihre Beziehung auch.

Gans und Eule: Dies ist eine Kampf-und-Flucht-Beziehung, in der die Ernsthaftigkeit der Gans und die Leichtherzigkeit der Eule aufeinanderprallen.

Gans und Gans: Zwei so ernsthafte Naturen haben vielleicht nicht soviel Spaß miteinander, doch wenn sie ihre Beharrlichkeit auch in ihr Liebesleben einbringen, hält dieses Band sie zusammen.

Gans und Otter: Die Gans ist ein konventioneller Realist, der Otter ein unkonventioneller Idealist; sie haben wenig gemeinsam.

Gans und Wolf: Durch die Selbstlosigkeit und Hingabe des Wolfes und die Loyalität und das Engagement der Gans können diese beiden eine stabile und dauerhafte Beziehung aufbauen.

DAS RICHTUNGSTOTEM
DER BÜFFEL

DER BÜFFEL SYMBOLISIERT DEN EINFLUSS DES NORDENS AUF GANS-GEBORENE, DIE MIT ZIELSTREBIGKEIT UND GEDULD SCHLIESSLICH IHRE ZIELE ERREICHEN.

Büffelschädel
Dieser von den Blackfeet bemalte Büffelschädel repräsentiert den Büffel, der als Sinnbild für das Erhalten und »Nähren« von Geist und Körper betrachtet wird.

Die Zeit der Erneuerung, der Reinigung und der Stürmischen Winde liegen auf dem Medizinrad alle in dem Viertel, das dem Norden bzw. dem Nordwind zugeordnet wird.

Der Norden entspricht dem Winter und der Nacht; er steht für Geduld, für Energie, die unter der Oberfläche verborgen ist, und für Reinheit und Erneuerung. Er ist vergleichbar mit der Vorbereitung auf neues Leben und neue Gedanken – mit der besinnlichen Stille, die der Wiedergeburt und der Zeit des raschen Wachstums vorausgeht. Die Kraft des Nordens wirkt sich vor allem auf den Geist und die Weisheit aus; es ist hauptsächlich eine nährende Kraft. Sein Totem ist der von den Indianern einst hoch verehrte lebenserhaltende Büffel.

Der besondere Einfluß des Nordens auf Gans-Menschen zeigt sich in der Reinheit ihrer Absichten und Ziele, wodurch das scheinbar Unmögliche möglich werden kann. Er steht in einem Bezug zu geistiger und körperlicher Erneuerung – wie wenn ein Mensch nach erfrischendem Schlaf erwacht, voller Kraft, Weisheit und Geduld, um seine Träume zu verwirklichen.

BÜFFEL-EIGENSCHAFTEN

Der Büffel war das von den Indianern am höchsten verehrte Tier, denn das Überleben vieler Stämme hing von ihm ab.

Der Geist des Nordens

Die Kraft des Nordens wirkt im Verborgenen – wie die Saat im Winter in der Erde ruht, bevor sie zu neuem Leben erwacht. Das Büffeltotem verkörpert die Fähigkeit, sich ganz zu geben.

Jeder Teil des Tieres fand Verwendung – das Fleisch als Nahrung, das Fell als Kleidung und Schutz und sogar die Knochen als Werkzeuge und Gerätschaften. So galt der Büffel als Symbol für den Geist, der alles gibt. Menschen mit diesem Richtungstotem verfügen zumeist über einen klaren Verstand, Weisheit und die Kraft, ihre Energie aus inneren Ressourcen immer wieder zu erneuern.

DAS ELEMENTTOTEM
DIE SCHILDKRÖTE

WIE DIE SCHILDKRÖTE SCHRITT FÜR SCHRITT DURCHS LEBEN GEHT, VERFOLGEN GANS-GEBORENE IHRE ZIELE MIT VIEL AUSDAUER UND GEDULD.

Der Element-Aspekt der Gans – wie auch der des Bibers und des Braunbären – ist Erde. Alle drei Zeichen gehören also zur gleichen Elemente-Familie bzw. zu einem »Klan« (s. »Der Einfluß der Elemente«, S. 20–21).

DER SCHILDKRÖTEN-KLAN

Das Totem jedes Klans gibt Einblick in die wesentlichen Eigenschaften. Das Totem des Elemente-Klans Erde ist die Schildkröte; sie steht für eine beharrliche, sorgfältige, praktische und methodische Natur.

Die Schildkröte ist ein freundliches Geschöpf, das sich langsam, aber stetig

Ganz auf der Erde

Die Schildkröte ist ein Symbol für die Grundeigenschaften des Elements Erde: Beständigkeit und Ausdauer.

in seinem eigenen Tempo auf sein Ziel zubewegt. Menschen, die zu diesem Klan gehören, sind geduldig, stehen mit beiden Beinen auf der Erde und verfolgen ihre Ziele mit viel Ausdauer und Beharrlichkeit.

Sie sind konstruktiv und kreativ, arbeiten hart und überwinden Hindernisse, um ihre Ziele zu erreichen. Unordnung mögen sie gar nicht, und Veränderungen sind für sie eine Bedrohung. Sie können auch unflexibel sein und brauchen Stabilität, um sich wohl zu fühlen.

Erde von Luft
Das Element Erde nährt die Luft, was Beständigkeit und großen Idealismus hervorruft.

ELEMENTPROFIL

Bei Gans-Menschen wird der vorherrschende Elementaspekt – beständige Erde – durch die Eigenschaften des Grundelements – belebende Luft – grundlegend beeinflußt. Wer in dieser Zeit geboren wurde, ist also meistens sehr ausdauernd und zuverlässig; sein lebhafter Geist will etwas bewegen.

Manchmal nehmen Gans-Menschen – durch den Einfluß der Schwere der Erde und den der intellektuellen, idealistischen Kraft der Luft – Dinge gar zu ernst. Dann verlieren sie die kleineren Freuden des Lebens aus den Augen und sorgen sich zu sehr um Belanglosigkeiten. Das macht sie verspannt und mürrisch; sie fühlen sich mißverstanden. In solchen Zeiten oder wenn sie sich einmal niedergeschlagen und kraftlos fühlen, kann ihnen die folgende Revitalisierungs-Übung helfen:

Such dir einen ruhigen Platz irgendwo im Wald, im Park oder Garten, abseits von Verkehrslärm und Hektik. Als Gans-Mensch hast du eine instinktive Verbindung zur Erde und zu Pflanzen. Stell oder setz dich so hin, daß beide Füße fest auf der Erde stehen, und nimm einfach die Schönheit der Natur um dich herum wahr. Beim langsamen, tiefen Einatmen kann die einströmende Lebenskraft Körper, Geist und Seele erfrischen und beleben.

STEIN-AFFINITÄT
PERIDOT

MIT HILFE DES EDELSTEINS, DER MIT UNSEREM UREIGENEN WESEN IN RESONANZ STEHT, KÖNNEN WIR UNS DIE KRAFT DER ERDE ERSCHLIESSEN UND UNSERE INNEREN STÄRKEN ERWECKEN.

Geschliffener Peridot
Der Peridot stellt das »in Stein gebannte« Leuchten des Himmels dar und steht für Klarsicht und geistige Klarheit.

Edelsteine sind in der Erde entstandene Mineralien; dieser Prozeß verläuft äußerst langsam, aber kontinuierlich. Die Indianer schätzten diese Steine nicht nur wegen ihrer Schönheit, sondern auch weil sie buchstäblich Teil der Erde sind und so auch deren Lebenskraft in sich tragen. Für sie waren Edelsteine »lebendige« Energieleitsysteme, die auf unterschiedlichste Weise eingesetzt werden konnten – zum Heilen, zum Schutz oder zum Meditieren.

Jeder Edelstein hat eine spezifische Energie bzw. Schwingung. Auf dem Medizinrad wird jeder Geburtszeit ein Stein zugeordnet, dessen Energie in Resonanz steht mit dem Wesen der in dieser Zeit geborenen Menschen. Durch diese »Seelen-Verwandtschaft« kann der jeweilige Stein den Menschen in Harmonie mit der Erde bringen und sein inneres Gleichgewicht wiederherstellen. Er kann gute Eigenschaften verstärken und weiterentwickeln und ihm die Fähigkeiten verleihen, die er benötigt.

ENERGIERESONANZ

Gans-Menschen haben eine Affinität zum Peridot, einer Edelstein-Ausformung des Minerals Olivin. Der flaschengrüne Peridot hat einen ganz charakteristischen öligen Schimmer. Man schrieb ihm die Fähigkeit zu, spirituelle Kräfte zu verleihen; er verkörpert intuitive Einsicht und

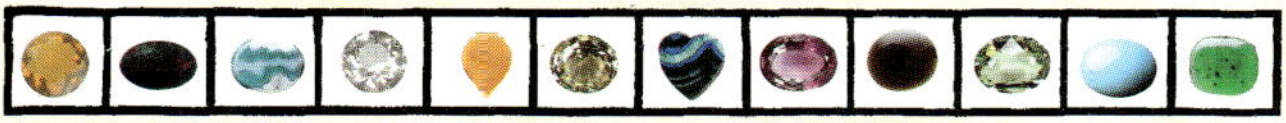

DEINEN STEIN AKTIVIEREN

Der Peridot wird unter fließendem kaltem Wasser gereinigt und sollte dann an der Luft trocknen. Danach führst du ihn mit beiden Händen zum Mund und bläst drei- bis viermal kräftig darauf, um ihn so mit deinem Atem zu durchdringen und zu prägen.

Jetzt nimmst du den Stein fest in eine Hand und heißt ihn still als Freund und Helfer in deinem Leben willkommen.

Wenn eine wichtigen Entscheidung oder eine Herausforderung auf dich zukommt, kannst du mit dem Peridot über das Problem meditieren. Dazu suchst du dir ein ruhiges, ungestörtes Fleckchen, setzt dich hin und hältst den Stein in der linken Hand, um so seine feinstofflichen Energien besser aufnehmen zu können. Dann konzentrierst du dich auf das Problem und suchst mit Hilfe des Steines nach Führung auf dem Weg, den du gehen mußt. Hör auf die leise Stimme deines Inneren Selbst.

Vision. Die Indianer verglichen ihn mit einer spirituellen Sonne; sein Glanz sollte Klarheit verleihen und den wahren Sinn von Veränderungen offenbaren. Der Stein wurde auch dazu verwendet, verlorene oder verlegte Dinge wiederzufinden.

Für Gans-Geborene kann der Peridot eine Hilfe sein, um ihre inneren Energiereserven wieder aufzufüllen und ihrem natürlichen Weitblick die Tiefe intuitiver Weisheit zu verleihen. Der Peridot wirkt auch beruhigend und spendet Trost, wenn sie sich einmal niedergeschlagen, angespannt oder mißverstanden fühlen.

Die Macht des Peridots

Trage einen Peridot-Ring oder einen Peridot-Anhänger direkt am Hals, damit der Stein optimal wirken kann.

»Die Kontur des Steines ist rund; die Macht des Steines ist unendlich.« *Lehre der Lakota-Sioux*

BAUM-AFFINITÄT
WEISSBIRKE

Wer sich mit seinem »Seelen-Baum« verbindet, gelangt zu einem tieferen Verständnis seiner eigenen Natur und kann die in ihm schlummernden Kräfte wecken.

Bäume sind von außerordentlich großer Bedeutung für die Erhaltung der Natur und des atmosphärischen Gleichgewichts – eine wesentliche Voraussetzung für das Überleben der ganzen Menschheit.

Die Indianer bezeichneten Bäume als das »Stehende Volk«, denn sie stehen fest und sicher da und beziehen ihre Kraft aus der Verbindung mit der Erde. So lehren sie uns Menschen, wie wichtig es ist, geerdet zu sein und zugleich nach höheren Werten zu streben. Wer Bäume als lebendige Wesen achtet, kann mit ihrer Hilfe Einsicht in die Abläufe in der Natur und auch im eigenen Inneren gewinnen.

Auf dem Medizinrad wird jeder Geburtszeit ein bestimmter Baum zugeordnet, dessen Grundeigenschaften das Wesen der in dieser Zeit geborenen Menschen mit beeinflussen. Der Baum der Gans-Menschen ist die Weißbirke. Mit ihrer auffälligen weißen Rinde gilt sie als Symbol für die Reinheit der Motive und die Klarheit der Absicht – beides wesentliche Aspekte der Gans-Persönlichkeit.

Die Weißbirke wird außerdem mit Kindheit und Schutz gleichgesetzt. Manchmal nehmen Gans-Menschen,

DICH MIT DEINEM BAUM VERBINDEN

Schätze die Schönheit deines Seelen-Baumes; lerne seine Natur gründlich kennen, denn sie entspricht deiner eigenen.

Die Weißbirke ist ein schlanker, anmutiger Baum mit silbrig-weißer Rinde und feinen hellgrünen, spitzen Blättern. In früheren Zeiten wurde Birkenholz gern für den Bau von Booten und Wiegen verwendet; die Rinde der Birke diente den Menschen einst auch als Papierersatz.

Die folgende Übung kann dir helfen, deine innere Kraft neu zu beleben: Du stehst neben deinem Seelen-Baum, legst die Handflächen an den Stamm und die Stirn auf die Handrücken. Dann atmest du langsam ein und spürst, wie die Energie aus den Baumwurzeln durch deinen ganzen Körper strömt. Du kannst dir auch einen Zweig oder ein Stück Holz deines Seelen-Baumes besorgen und als Totem und Helfer zu Hause aufbewahren.

wenn sie gar zu sehr an ihren Idealen festhalten, das Leben zu ernst. In solchen Momenten können sie durch die Verbindung mit ihrem Baum (s. Kasten oben) wieder einen Zugang zu ihrem Inneren Kind finden.

LOSLASSEN

Gans-Geborene sind energiereiche, zielstrebige Menschen, manchmal allerdings auch sehr zurückhaltend und zu introvertiert. Durch diesen Wesenszug und ihre hehren Prinzipien können sie leicht einen unnahbaren Eindruck erwecken und andere Menschen auf Distanz halten.

So wie sich bei der Weißbirke die äußere Rinde abschält und die darunterliegende Schicht zum Vorschein kommt, können auch Gans-Menschen lernen, loszulassen und nahestehenden Menschen ihr inneres Wesen und ihr weiches Herz zu offenbaren. Die helle, erhebende Energie der Weißbirke kann sie aufmuntern, wenn sie sich niedergeschlagen fühlen, und ihnen zu mehr Entspannung und Freiheit verhelfen.

»Alle Heilpflanzen werden uns von Wakan-Tanka geschenkt; deshalb sind sie heilig.« *Lehre der Lakota-Sioux*

FARB-AFFINITÄT
WEISS

WER SEINE POSITIVEN EIGENSCHAFTEN VERSTÄRKEN MÖCHTE, KANN MIT HILFE DER »SEELEN-FARBE« SEINEN EMOTIONALEN UND MENTALEN ZUSTAND GÜNSTIG BEEINFLUSSEN.

Jede Geburtszeit hat eine Affinität zu einer bestimmten Farbe, die am besten mit den Energien der Menschen harmoniert, die in dieser Zeit geboren werden. Diese Farbe hat einen positiven Einfluß auf die emotionale und mentale Ebene des Menschen; Farben, die nicht zur Seelen-Farbe passen, haben dagegen eher negative Auswirkungen auf das Wohlbefinden.

Die Farbe der Gans-Menschen ist Weiß. Diese Farbe steht für Reinheit und Sauberkeit und symbolisiert gedankliche Klarheit und tiefe Einsicht. Weiß läßt an Idealismus, Weitblick oder auch an visionäre Fähigkeiten denken. Es ist eine optimistische Farbe; sie verhilft zu kreativen Lösungen, wenn Hindernisse auftauchen oder neue Wege und Richtungen einzuschlagen sind. Weiß steht auch für hohe moralische Werte und Hoffnung in

Farbsystem

Damit die Farb-Affinität voll zum Tragen kommt, sollte Weiß als Grundfarbe bei der Einrichtung vorherrschen – von der Ausstattung bis hin zu den Accessoires.

MIT DEINER FARBE MEDITIEREN

Stell eine Vase mit ein paar weißen Blumen – Lilien, Narzissen, Chrysanthemen, Rosen – auf den Tisch eines Zimmers, wo du mindestens eine halbe Stunde lang nicht gestört wirst. Setz dich an den Tisch und betrachte die Blumen.

Richte deine ganze Aufmerksamkeit auf die weißen Blüten. Der Körper ist entspannt, der Geist ganz auf die Farbe konzentriert. Das hilft, den Geist von Ablenkungen zu befreien. Spür, wie die Farbe jede einzelne Körperzelle mit Energie auflädt. Wenn du zur Zeit mit einem schwierigen Problem konfrontiert bist, kannst du darüber meditieren. Laß alle Gedanken und Empfindungen zu, die hochkommen, und denk darüber nach.

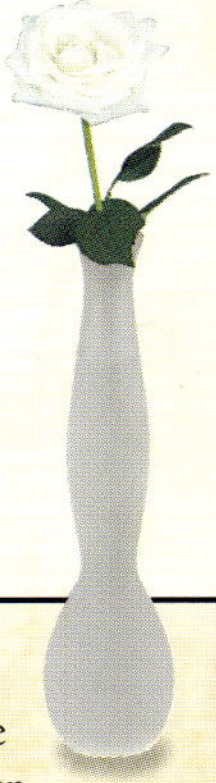

schwierigen Zeiten. Außerdem fördert diese Farbe die Entschlossenheit, eine Angelegenheit zu einem befriedigenden Abschluß zu bringen.

FARBWIRKUNG

Mit Weiß in allen Schattierungen in der Wohnung können Gans-Menschen ihre Aura und ihre positiven Eigenschaften stärken. Ein paar Farbtupfer machen bereits einen großen Unterschied. Ein weißer Lampenschirm oder helle weiße Spotlights können beispielsweise die Atmosphäre im Zimmer verändern. Oder wie wäre es mit weißen japanischen Papierrollos an den Fenstern anstelle von Vorhängen? Auf diese Weise kann ein diffuses natürliches Licht entstehen.

Wer sein Selbstvertrauen stärken will, kann ein Kleidungsstück in seiner Farbe tragen. Bei Energiemangel hilft die oben beschriebene Farbmeditation, emotional wieder ins Gleichgewicht zu kommen, die Kreativität anzuregen und sich einfach rundum besser zu fühlen.

»Der Macht des Geistes sollte Ehre erwiesen werden mit seiner Farbe.« *Lehre der Lakota-Sioux*

DIE ARBEIT MIT DEM MEDIZINRAD

DER LEBENSWEG

DAS GEBURTSPROFIL KANN ALS AUSGANGSPUNKT FÜR DIE CHARAKTERLICHE ENTWICKLUNG UND DEN WEG ZU PERSÖNLICHER ERFÜLLUNG BETRACHTET WERDEN.

Jede der zwölf Geburtszeiten entspricht auch einem bestimmten Lernprozeß bzw. ganz bestimmten »Lektionen«, die uns das Leben abverlangt. Wer bereit ist, sich auf diesen Lernprozeß einzulassen, kann Stärken statt Schwächen entwickeln, in Harmonie mit der Welt und den Menschen leben und zu innerem Frieden finden.

DER LERNPROZESS DER GANS

Die erste Lektion für Gans-Menschen besteht im Entwickeln der Fähigkeit, Projekte zu Ende zu bringen. Durch ihren Hang zum Perfektionismus und Pessimismus können ihnen kleine Probleme riesengroß erscheinen, was den Erfolg unnötig erschwert. Menschen mit diesem Geburtstotem sollten versuchen, im Grunde großartige Ideen oder Pläne nicht wegen kleiner Mängel zu verwerfen. Sie sollten Probleme aus der richtigen Perspektive betrachten und sich voll und ganz auf ihr Ziel konzentrie-

»Der Weg jedes Menschen zeigt sich in seinem Herzen. Dort sieht er die ganze Wahrheit des Lebens.« *Lehre der Cheyenne*

ren. Auf diese Weise können sie ihre Träume weitaus erfolgreicher in die Tat umsetzen.

Gans-Menschen sollten ihre Ziele auch mit größerer Aufgeschlossenheit angehen. Es gibt immer mehr als nur einen Weg, seine Träume in die Wirklichkeit umzusetzen. Wenn auf dem eingeschlagenen Weg kein Weiterkommen möglich ist, kannst du immer noch nach Alternativen suchen. Laß dich nicht von Konventionen vom Erreichen deines Ziels abbringen. Gib veraltete Methoden und starre Haltungen auf, und hab den Mut zu neuen Ansätzen.

Die dritte Lektion heißt: mehr Widerstandskraft gegen Depressionen und Launenhaftigkeit entwickeln. Deine hohen Ansprüche an dich selbst und andere führen oft zu Enttäuschungen und Rückschlägen. Lern, das alles nicht zu wichtig zu nehmen und Fehler – die eigenen genauso wie die der anderen – mit Gelassenheit hinzunehmen.

DIE ARBEIT MIT DEM MEDIZINRAD
DIE MACHT DER MEDIZIN

Die Kraft der anderen elf Geburtszeiten sollte genutzt werden, um Schwächen in Stärken zu transformieren und den Herausforderungen des Lebens entgegenzutreten.

Auf dem Medizinrad ist das ganze Spektrum menschlicher Eigenschaften und Fähigkeiten repräsentiert. Die Totems und Affinitäten jeder Geburtszeit weisen auf die Grundeigenschaften der in dieser Zeit geborenen Menschen hin.

Wer wissen möchte, welche seiner Persönlichkeitsaspekte gestärkt werden müßten, sollte sich zuerst mit seinem »Lernprozeß« befassen (s. S. 42–43). Danach läßt sich anhand der anderen Geburtszeiten herausfinden, welche Totems und Affinitäten bei dieser Aufgabe helfen könnten. Das Elementprofil der Gans ist Erde von Luft (s. S. 34–35); zum Ausgleich brauchen Gans-Geborene die Anpassungsfähigkeit des Wassers und die Begeisterungsfähigkeit des Feuers. Das Elementprofil des Lachses ist Feuer von Wasser, das des Spechts Wasser von Wasser; über diese Geburtstotems sollten Gans-Geborene meditieren. Auch die Profile der beiden anderen Zeichen des eigenen Elemente-Klans können hilfreich sein – Biber und Braunbär; so läßt sich herausfinden, wie der gleiche Elementaspekt unterschiedlich zum Ausdruck kommen kann.

Eine weitere Hilfe kann das gegenüberliegende Geburtstotem (Polaritätstotem) sein; es weist charakteristische Eigenschaften auf, die das eigene Totem ergänzen. Das ist die sogenannte »Komplementär-Affinität«, im Fall der Gans also der Specht.

Komplementär-Affinität

Der Specht hat einen wesentlich besseren Zugang zur Stimme seines Herzens als die Gans.

WESENTLICHE STÄRKEN

Nachfolgend werden die wesentlichen Stärken der einzelnen Geburtstotems beschrieben. Wer eine schwach ausgebildete oder in einer bestimmten Situation benötigte Eigenschaft verstärken möchte, kann über das Geburtstotem meditieren, das diesem Wesenszug entspricht. Beschaff dir etwas, was dieses Totem verkörpern kann – eine Klaue, einen Zahn, eine Feder, ein Bild oder einen Ring. Laß so die Kraft, die es symbolisiert, zu deiner eigenen werden.

Falken-Medizin steht für die Kraft der scharfen Beobachtung und die Fähigkeit, entschlossen und tatkräftig zu handeln, wann immer das nötig ist.

Biber-Medizin entspricht der Gabe des kreativen und lateralen Denkens; so lassen sich alternative Möglichkeiten entwickeln, Dinge zu betrachten oder auch zu tun.

Hirsch-Medizin zeichnet sich aus durch ein sicheres Gespür für die Absichten anderer Menschen und für alles, was dem eigenen Wohlbefinden schaden könnte.

Specht-Medizin beinhaltet die Fähigkeit, einen beständigen Rhythmus im Leben zu entwickeln und beharrlich das zu schützen, was einem lieb und teuer ist.

Lachs-Medizin steht für die Stärke, mit Mut und Entschlossenheit seine Ziele auszuwählen und genug Ausdauer aufzubringen, um eine Aufgabe bis zum Ende zu verfolgen.

Braunbär-Medizin verkörpert große Energie und die Fähigkeit, hart zu arbeiten, in Zeiten der Not anderen ein verläßlicher Freund zu sein und aus seiner inneren Kraft zu schöpfen.

Krähen-Medizin entspricht der Fähigkeit, negative oder unproduktive Situationen in positive umzuwandeln und sich über Grenzen hinwegzusetzen.

Schlangen-Medizin steht für das Talent, sich veränderten Umständen leicht anpassen zu können und Übergangsphasen gut in den Griff zu bekommen.

Eulen-Medizin beinhaltet die Kraft, in Zeiten der Unsicherheit klar zu sehen und sein Leben konsequent nach seinen langfristigen Plänen auszurichten.

Gans-Medizin entspricht dem Mut, sich seine Ideale unter allen Umständen zu bewahren und sich im Leben an seine Prinzipien zu halten.

Otter-Medizin verkörpert die Fähigkeit, sich mit seinem Inneren Kind zu verbinden, innovative und idealistische Ansätze zu vertreten und die Routine des Alltags voll und ganz zu genießen.

Wolf-Medizin steht für den Mut, sich eher nach seiner Intuition und seinem Instinkt zu richten als nach seinem Intellekt und Mitgefühl für andere Menschen aufzubringen.

Wolf
Otter
Gans
Eule
Schlange
Krähe